Italiano and English

AF871283

Proposta Un Sistema Di Gestione Dei Casi
Processo Matrimoniale Canonico

Semplificarne, Rendendola Più Snella,Salvaguardando Indissolubilità

Autore:
Bai Macfarlane, Mary's Advocates

Include intervista con la gestione dei documenti Esperti
DeWayne Ashcraft, OneLink Servizi tecnici

Proposal: Case Management System
For Annulment Process

Simplify, Making It More Streamlined, Safeguarding Indissolubility

Author:
Bai Macfarlane
Founder and Director
Mary's Advocates, Upholding Marriage
Rocky River Ohio USA
www.MarysAdvocates.org

Includes interview with Document Management Expert
DeWayne Ashcraft
Founder and Chief Executive Officer
OneLink Technical Services
Westlake Ohio USA
www.Onelink.net

8 September 2014 The Nativity of the Blessed Virgin Mar

ISBN: 978-0-9965204-1-6

Italiano

Vantaggi della Proposta

Nell'agosto del 2014, il Papa Francesco ha istituito una commissione che ha come obiettivo quello "di preparare una proposta di riforma del processo matrimoniale, con l'obiettivo di semplificare la procedura, rendendo più snelle, e salvaguardando il principio dell'indissolubilità del matrimonio." [1]

Il Cardinale Raymond Burke, Prefetto del Supremo Tribunale della Segnatura, durante un' intervista, ottobre 2014. abbiamo bisogno di attuare la legislazione che abbiamo già (Diritto Canonico e Dignitas *connubii*)] e "non andare fuori ora stiamo cercando di trovare una una forma di processo, il che non è vero per lunga esperienza della Chiesa e della tradizione nella gestione di queste situazioni." Giurisprudenza del[2] Supremo Tribunale della Segnatura spiega come legge naturale impone che qualsiasi processo deve includere alcune protezioni; in caso contrario, l'intero caso è nullo . "Casellario giudiziario exchange consiste principalmente dei seguenti: a - la possibilità di introdurre le prove nel corso della prova; per saperne di più su prove avanzate dalla controparte; di presentare le proprie deduzioni, accuse e difese, e di rispondere, almeno una volta, di detrazioni, accuse e difese della controparte." Papa Francesco il 5 novembre, nel 2014, ha espresso la sua preoccupazione per l'annullamento è "così lungo e pesante" come ha raccontato la situazione di Buenos Aires. Lui dice che è impossibile immaginare che il pubblico possa andare al tribunale che potrebbe essere di 240 chilometri di distanza perché perdere giorni di lavoro e giorni di salario.[3]

Un sistema di gestione dei casi potrebbe, come quello qui descritto,risolvere sfide per tutti. Per i tribunali che attualmente non sono un solo giudiziario avviene lo scambio, l'attuazione del *sistema garantisce che* i diritti siano protetti. Per esempio, non potrebbe progredire attraverso l'ordine cronologico passi senza sia un attore presentando un libello contenente la descrizione dei fatti e delle prove in un modo generale che supportano l'affermazione della nullità del suo matrimonio, e il convenuto viene inviata una copia del libello. Per i tribunali che mantengono il segreto dalle parti della contabilità del caso in cui legalmente hanno il diritto di vedere, il sistema richiede la diocesi personale che è il momento di partito per vedere i record. Il fatto che una parte dei record visualizzati in una parrocchia sarebbero salvate nel sistema e il caso non ha potuto procedere senza che la parte che viene offerto di partecipare come consentito dalla legge.

Per le diocesi dove è impraticabile e costosi per le persone a visitare il tribunale, il sistema dovrebbe consentire alle parti di partecipare tramite una rete di computer che si trova in una parrocchia vicina. Per le diocesi in cui sarebbe difficile per pagare gli stipendi del personale qualificato per amministrare correttamente solo le procedure, il sistema potrebbe eliminare gran parte del lavoro amministrativo coinvolto e consentire ai giudici di trascorrere il loro tempo per considerare i meriti del caso.

Domanda per la gestione dei documenti Esperti

Intervista con la gestione dei documenti Esperti, DeWayne Ashcraft, OneLink Servizi tecnici

Potete fare un commento circa la possibilità di attuare un *sistema per* la Santa Sede per la supervisione della gestione dei casi ecclesiastica in accordo al diritto canonico?

A. Corrispondenza e possono essere salvati come prova digitale testo, immagini, audio, video e file su un computer principale (o rete) controllata dalla Santa Sede (in seguito denominato *sistema*), in modo che l'accesso ai documenti può essere controllato solo da coloro a cui la Santa Sede dà autorità?

   - Sì. Testo digitale, immagine, file audio e video vengono memorizzati in un file server in una posizione centrale. Considerando il carattere internazionale di questa soluzione proposta potrebbe essere necessario avere più di un file server in modo da avere tempestivamente estrazioni di dati. I dati possono essere protetti con firewall e altri sicurezza tramite le reti per la protezione da qualcuno la visualizzazione delle immagini senza passare attraverso il software per il recupero. All'interno del software per il recupero (OnBase) è molto granulare, basata sul gruppo sicurezza che possono limitare accesso basato su informazioni indice come diocesi o della chiesa.

B. Il documento di essere comunque organizzato in ordine cronologico e identificato o indicizzato da scopo del record ? Per esempio, un record potrebbe essere, 1) prima petizione, 2) trascrizione della testimonianza, o 3) notifica da parte del giudice invitando a leggere il record del caso, ecc.

   - Sì. OnBase utilizza tre livelli di classificazione, Tipo di Documento, tipo di documento e le parole chiave. È possibile creare molti tipi di documenti, Tipo di documento e le parole chiave che si desidera. Il Gruppo è spesso chiamata con il nome di un dipartimento o di una cartella tipo. Ad esempio, gli annullamenti. Il tipo di documento è il tipo di record. Per esempio, la petizione, trascrizione o notifiche. Le parole chiave vengono assegnati per il tipo di documento e può essere la stessa per tutti i tipi di documenti o variare. Ad esempio, le notifiche possono includere un "Destinatario" e "mittente", mentre una petizione non sarebbe. Credo che le parole chiave, come il file registra oggi - Nome del richiedente, Data, Diocesi, chiesa, Sacerdote, Vescovo che presiede, ecc. Le parole chiave possono essere utilizzate per rendere i documenti più facili da trovare o perché le informazioni è qualcosa che si desidera tenere traccia e in futuro.

C. Possono i computer che sono collegati in rete al sistema in uffici diocesani e qualche ufficio parrocchiale? Possono accedere al sistema in una parrocchia più sicuro del solo nome utente e la password, come riconoscimento delle impronte digitali o altri?

- Sì. Gli utenti in tutto il mondo può installare il cliente. È disponibile in più lingue. Non c'è l'ingombro sul computer dell'utente e la maggior parte dei sistemi operativi Microsoft e i browser web sono supportati, non supporta riconoscimento delle impronte digitali. Tuttavia, è possibile passare attraverso l'accesso dal computer. Quindi, se il computer è stato configurato con riconoscimento delle impronte digitali, che accesso segno valido è possibile passare al OnBase per consentire l'accesso.

D. Può un esperto amministratore diocesano controllo dei file che sono accessibili ad una parte davanti a un computer collegato in rete, in parrocchia convenientemente situato per il partito?

- Sì. Amministrazione tramite una diversa applicazione di configurazione. I diritti di configurazione possono essere concessi ai vari amministratori. Per esempio, un amministratore può essere impostato per gestire i gruppi di utenti e password solo e di non essere in grado di modificare qualcosa nel sistema. Amministrazione autorizzazione utente è disponibile anche tramite il web client senza la necessità di installare il software di configurazione.

E. Può un giudice questione una parte o di testimone grazie alla webcam mentre giudice siede in ufficio diocesano e la testimonianza è al computer in rete in parrocchia? Può un notaio a ufficio diocesano avere accesso alla registrazione di webcam riunione e tipo trascrizione di essere entrato nel sistema ?

- Sì. OnBase è ampiamente utilizzato nelle aule negli Stati Uniti per questo scopo. Si utilizza una riunione - come andare alla riunione - che utilizza web cam e registrare la riunione e quindi importare la registrazione in OnBase.

F. Può un giudice questione una parte o di testimone utilizzando una normale connessione telefonica e salvare registrazione audio della conversazione del sistema, tale che un notaio può tipo trascritto in seguito?

- Sì. Le registrazioni audio possono essere importati nel sistema e quindi inviato ad un dattilografo si presenta in arrivo. La posta in arrivo può essere smistati automaticamente dalla chiesa, contea o carico equilibrata in modo uniforme (come trattare le schede.)

G. Possono accedere alla stampa e vedere i record in ogni caso essere controllato da un sistema basato su autorizzazione della persona ruolo e in base allo stato del caso cronologicamente? Per esempio, un avvocato canonista che sostiene una parte dovrebbe avere accesso a tutti i record in cui vengono raccolti, ma il gruppo stesso deve solo vedere tutti i record quando lo stato del caso, " pubblicazione degli atti." Il rispondente deve avere la propria copia stampata della prima petizione all'inizio del caso, ma egli non deve essere consentito di stampare copie di testimonianze dei testimoni, ma solo leggere e prendere le note che deve difendere la sua posizione. Si veda il grafico *di coinvolgimento, definito* e le fasi del *caso in ordine cronologico*

- Sì. La sicurezza è molto granulare (visualizzare, stampare, cancellare, modificare, ruotare, e-mail, ecc.) e può essere basato sul tipo di documento, lo stato o una parola chiave.

H. Puo' il *Sistema di* multi-lingua in modo che gli amministratori , i controlli possono essere impostati in modo da ottenere una specifica lingua, mentre la disposizione e le icone di sistema rimangono identiche?

- Sì, il OnBase UI è tradotto nelle seguenti lingue: Arabo, Francese, Tedesco, Giapponese, Portoghese, Russo e Spagnolo, con molti altri in fase di traduzione. Contenuto viene memorizzato nella sua lingua nativa e non tradotta.

I. Possono le autorità a Santa Sede hanno praticamente in tempo reale l'accesso a tutti i record?

- Sì. OnBase supporta il caching. I dati importati vengono memorizzati localmente (forse una Europa, NOI, uno del Sud America, ecc.) e quindi sincronizzati. La sincronizzazione può avvenire giornalmente o più volte al giorno a seconda dell'infrastruttura di rete. Può anche essere configurato in modo da accadere on-demand. Ad esempio, se si è nella Città del Vaticano e ha bisogno di vedere un file caricati recentemente negli Stati Uniti, il sistema attiverà un sync per recuperare il documento. In questo caso, si può vedere qualche minuto di ritardo.

J. Possono le autorità della Santa Sede utilizzare il sistema della pubblica istruzioni ai giudici di procedura e l'interpretazione del diritto canonico?

- Sì. OnBase ha un modulo chiamato il trasferimento di conoscenze. L'utente si collega e viene notificato che non hanno un documento di revisione. Dopo aver letta, fare un quiz sul tema. E la procedura proprietario, riceverà una notifica che l'utente ha superato il quiz. Il proprietario può anche avere una relazione di chi ha visionato il documento, che ha superato il quiz e che non hanno superato il quiz da OnBase.

Mezzo di partecipazione, definito

	Telefono Registrati	Le conversazioni telefoniche possono verificarsi. Quando necessario, essi possono essere registrati e memorizzati nel sistema come file audio, per giocare più tardi da parte di pers autorizzate.
	Solo lettura	Le persone possono visualizzare i file nel *sistema di* sicurezza proprio computer. Documenti di testo possono essere crittografati in modo che soltanto le persone autorizzate potran copiare il testo dal sistema a un'altra applicazione o un file di
	Documenti firmati	Quando necessario, le persone possono presentare al tribunale documento firmato. Documento potrebbero essere acquisiti e salvati come file PDF per la visualizzazione successiva da que autorizzati.
	Copia stampata dato	Le persone autorizzate possono stampare documenti dal *sistem sicuro* postazioni computer, così le copie possono essere inviat consegnati a persone autorizzate.
	Webcam Registrati	Giudiziaria gli esami che sono tenuti a presentarsi presso la se del tribunale, può avvenire tramite web-camera. Le parti e la lo testimoni potrebbe essere risparmio di tempo e costi di traspor tribunale. Per le persone che non hanno una videocamera web, potrebbero utilizzare webcam sul *sistema del* computer sicuro all'interno di una parrocchia.
T	File di testo	Quando i documenti di testo sono necessarie delle perizie, potrebbero essere trascritto da registrazioni audio o video. Su richiesta, le parti potrebbero anche fornire file di testo tramite metodo sicuro su internet.
PDF	File PDF	Le prove documentali e firmato i documenti possono essere acquisiti e salvati e visualizzati da persone autorizzate in forma PDF.
	Scrivere e conservare appunti	Quando le parti visualizzare i documenti sul *sistema di* sicure del proprio computer, possono effettuare le proprie note scritte non copia intere pagine o, se del caso .
	File audio	*Sistema potrebbe* salvare i file audio dalla conversazione telefonica, webcam incontri, o incontri di persona presso il tribunale.
	File Video	*Sistema potrebbe* salvare i file video registrati da web-cam le conversazioni.

Fasi del caso in ordine cronologico

Mezzi di coinvolgimento di diverse persone

	Le persone coinvolte					
	Attore	Avvocati	Rispondente	Testimoni	Giudici e notai	Il difensore del vincolo
Fasi						
Attore considerando						
Libello presentato						
Citazione del convenuto						
Formulazione del Dubbio						
Istruzione della causa						
Esami giudiziaria					 T	
Le prove documentali						
Relazioni di esperti					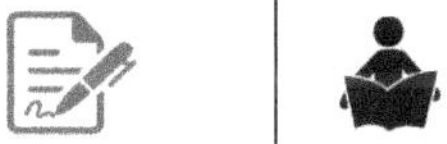	
Pubblicazione degli atti						
Più prove					 T	
Conclusione della causa						
Scambio di slip						
Pubblicazione di una frase						

END ITALIAN

Advantages of Proposal

In August of 2014, Pope Francis established a commission that's goal is "to prepare a proposal of reform of the matrimonial process, with the objective of simplifying its procedure, making it more streamlined, and safeguarding the principle of the indissolubility of matrimony."[4]

Cardinal Raymond Burke, the Prefect of the Supreme Tribunal of the Signatura, said during an October 2014 interview that we need to implement the legislation that we already have (Canon Law and *Dignitas Connubii*)] and "not be going off trying now to come up with some form of process or no process at all which won't be true to the Church's long experience or tradition in handling these situations."[5] Jurisprudence from the Supreme Tribunal of the Signatura discusses how natural law dictates that any process must include certain protections; otherwise, the whole case is void. The "judicial exchange principally consists of the following: the opportunity to introduce proofs in the trial; to learn about the proofs advanced by the opposing party; to present one's own deductions, allegations and defenses; and to respond, at least once, to the deductions, allegations and defenses of the opposing party."[6] Pope Frances on November 5, 2014, expressed his concern about the annulment process being "so long and weighty" as he recounted the situation in Buenos Aires. His says it is impossible to imagine that ordinary people can go to the tribunal that could be 240 kilometers away because they would miss days of work and days' wages.[7]

A case management *system* like the one described herein could resolve challenges for everyone. For tribunals that presently are not ensuring that a just judicial exchange occurs, implementing the *system* would ensure that rights are protected. For example, no case could progress through the chronological steps without both a petitioner submitting a libellus containing his description of the facts and proofs in a general way that support the allegation of nullity of his marriage, and the respondent being sent a copy of the libellus. For tribunals that keep secret from parties the records of the case to which they lawfully have a right to see, the system would prompt the diocese personnel that it is time for party to see records. The fact that a party viewed records at a parish would be saved in the *system* and the case could not proceed without the party being offered opportunity to participate as allowed by law.

For diocese where it is unfeasible and costly for people to visit the tribunal, the *system* would allow the parties to participate via a networked computer that is at a nearby parish. For diocese in which it would be difficult to pay wages of trained personnel to correctly administer just procedures, the system would eliminate much of the administrative paperwork involved and enable the judges to spend their time considering the merits of the case.

Question for Document Management Expert

Interview with Document Management Expert, DeWayne Ashcraft, OneLink Technical Services

Can you comment about the feasibility of implementing a *system* for the Holy See to oversee the handling of ecclesiastic cases in accord with canon law?

A. Can correspondence and evidence be saved as digital text, image, audio, and video files on one main computer (or network) controlled by the Holy See (hereafter called *system*), such that access to records can only be controlled by those to whom the Holy See gives authority?

   - Yes. Digital text, image, audio and video files are stored on a file server in a central location. Considering the international nature of this proposed solution it may be necessary to have more than one file server in order to have timely retrievals of the data. The data can be secured with firewalls and other network based security to protect from someone viewing the images without going through the retrieval software. Within the retrieval software (OnBase) there is very granular, group based security that can limit accessed based on index information such as diocese or church.

B. Can the records of any case be organized in chronological order and identified or indexed by record's purpose? For example, a record might be the, 1) initial petition, 2) transcript of testimony, or 3) notification from the judge inviting party to read the record of the case, etc.

   - Yes. OnBase uses three levels of classification. Document Type Group, Document Type and Keywords. You can create as many Document Type Groups, Document Types and Keywords as you wish. The Group is often named after a department or folder type. For example, Annulments. The Document Type is what type of record it is. For example, Initial Petition, Transcript or Notifications. Keywords are assigned to the Document Type and can be the same across all document types or vary. For example, Notifications might include a "Recipient" and "Sender," while a petition would not. Think of keywords, as how you would file records today – Applicant Name, Date, Diocese, Church, Presiding Priest, Presiding Bishop, etc. Keywords can be used to make documents easier to find or because that information is something you would like to track and report on in the future.

C. Can computers that are networked to the *system* be in diocesan offices and some parish offices? Can access to the *system* at a parish be more secure than only username and password, like fingerprint recognition or other?

   - Yes. Users across the world can install the client. It is available in multiple languages. There is a very small footprint on the user's machine and most Microsoft Operating Systems and modern web browsers are supported. It does not support fingerprint recognition. However, you can pass through the login from the computer. So if the computer was configured with fingerprint recognition then that valid login token could be passed to OnBase to allow access.

D. Can a trained diocesan administrator control the case files that are accessible to a party sitting at a networked computer in parish conveniently located for the party?

- Yes. Administration is run through a separate configuration application. Configuration rights can be granted to various administrators. For example, an administrator can be set up to manage user groups and passwords only and not be able to change anything else in the system. User permission administration is also available through the web client with no need to install the full configuration software.

E. Can a judge question a party or witness using webcam while judge sits in diocesan office and witness is at networked computer at parish? Can a notary at the diocesan office be given access to the recording of webcam meeting and type transcript to be entered in *system*?

- Yes. OnBase is used heavily in US courtrooms for this purpose. You use a meeting tool – such as go to meeting – that uses web cams and will record the meeting and then import the recording into OnBase.

F. Can a judge question a party or witness using a normal telephone connection and save audio recording of conversation in the *system*, such that a notary can type transcript later?

- Yes. Audio recordings can be imported into the system and then sent to a transcriptionist inbox. The inbox's could be automatically sorted by church, county or load balanced evenly (like dealing cards.)

G. Can access to printing and seeing records in any case be controlled by a permission scheme based on person's role and based on the status of case chronologically? For example, a canon lawyer advocating for one party should have access to seeing all the records as they are being collected, but the party himself should only see all the records when the status of case is "publication of the acts." The respondent should get his own printed copy of the initial petition at the beginning of the case, but he should never be allowed to print copies of the witnesses' testimonies, but only read them and take the notes he needs to defend his position. See chart *Means of Involvement, Defined* and *Steps of the Case in Chronological Order*

- Yes. Security is very granular (view, print, delete, modify, rotate, email, etc.) and can be based on document type, status or keyword.

H. Can *system* have multi-language capability so administrators' controls can be set to specific language, while the arrangement and icons in the *system* remain identical?

- Yes, the OnBase UI is fully translated in the following languages: Arabic, French, German, Japanese, Portuguese, Russian and Spanish with several others in the process of being translated. Content is stored in its native language and not translated.

I. Can authorities at Holy See have nearly real-time access to all case records?

- Yes. OnBase supports caching. Imported data would be stored locally (maybe one Europe, one US, one South America, etc.) and then synced. The sync can happen nightly or several times a day depending on available network infrastructure. It can also be configured to happen on-demand. For example, if you are in the Vatican City and need to see a file that recently uploaded in the United States, the system will trigger a sync to retrieve the document. In this case, you may see a few minute delay.

J. Can authorities at the Holy See use *system* the publish instructions to judges about procedure and interpretation of Canon Law?

- Yes. OnBase has a module called Document Knowledge Transfer. The user logs in and is notified that they have a document to review. After they read it, they take a quiz on the subject. And the procedure owner, will receive a notification that the user passed the quiz. The owner can also get a report of who has viewed the document, who passed the quiz and who failed the quiz from within OnBase.

.

Means of Involvement, Defined

	Recorded Phone	Phone conversations can occur. When necessary, they can be recorded and saved in the *system* as audio files, for playing later by authorized persons.
	Read Only	Persons could view files on *system's* secure computer station. Text documents could be encrypted so only authorized persons could copy text from *system* to another application or text file.
	Signed Papers	When required, persons could submit to the tribunal a signed document. Document could be scanned and saved as PDF file for later viewing by those authorized.
	Printed Copy Given	Authorized persons can print documents from *system's* secure computer stations, so copies can be sent or handed to authorized persons.
	Webcam Recorded	Judicial exams that are supposed to occur at the seat of the tribunal could occur via web-camera. The parties and witness could be saved time and cost of transportation to tribunal. For persons who do not have a web-camera, they could use webcam on *system's* secure computer station at a parish.
T	Text File	When text documents are needed of judicial examination, they could be transcribed from audio or video recordings. Upon request, the parties could also provide text files through a secure method over the internet.
PDF	PDF file	Documentary proofs and signed documents could be scanned and saved and viewed by authorized persons as PDF files.
	Write and Keep Notes	When parties view documents on *system's* secure computer station, they can make their own written notes, but not photocopy entire pages of the case or copy.
	Audio File	*System* could save audio files from telephone conversation, webcam meetings, or in-person meeting at the tribunal.
	Video File	*System* could save video files from recorded web-cam conversations.

Steps of the Case in Chronological Order

Means Of Involvement For Different Persons

	Persons Involved					
	Petitioner	Advocates	Respondent	Witnesses	Judges and Notary	Defender of the Bond
Steps						
Petitioner considering						
Libellus Submitted						
Citation of Respondent						
Formulation of the Doubt						
Instruction of the Cause						
Judicial exams					T	
Documentary proofs						
Expert reports						
Publication of the acts						
More proofs					T	
Conclusion of cause						
Exchange of briefs						
Publication of Sentence						

END NOTES

[1] http://it.radiovaticana.va/news/2014/09/20/papa_crea_commissione_riforma_processo_matrimoniale_canonico/1106944

[2] https://www.youtube.com/watch?v=UBCl5NLs81M#t=19m15s

[3] http://it.radiovaticana.va/news/2014/11/05/papa_chiesa_non_faccia_aspettare_anni_matrimoni/1110170

4

http://en.radiovaticana.va/news/2014/09/20/pope_francis_establishes_commission_to_reform_annulments/1106955

[5] https://www.youtube.com/watch?v=UBCl5NLs81M#t=19m15s

[6] Supreme Tribunal of the Apostolic Signatura. Plaint Of Nullity Against A Definitive Sentence Of The Tribunal Of The Roman Rota. Definitive Sentence of the College, 17 January 1987. Prot. no. 15301/83 CG. Published in *Periodica de re canonica* 77 (1988) 329-359. Mary's Advocates English Translation *Ministerium Iustitiæ* page 35-78

Ministerium Iustitiæ: Jurisprudence of the Supreme Tribunal of the Apostolic Signatura, Official Latin with English Translation. Daniel, William L. (Translator), Montreal, Canada: Wilson & Lafleur, 2011.

7

http://en.radiovaticana.va/news/2014/11/05/pope_francis_church_tribunals_must_serve_justice_in_marriag/1110208

www.ingramcontent.com/pod-product-compliance
Lightning Source LLC
LaVergne TN
LVHW081737071126
851857LV00042B/1950
* 9 7 8 0 9 9 6 5 2 0 4 1 6 *